Propósito

PRIMEIRO, O MAIS IMPORTANTE

As idéias de Stephen R. Covey e outros pensadores
para atingir o sucesso que você procura

A MISSÃO DA NEGÓCIO EDITORA

Produzir leitura de qualidade, levando ao leitor informações e tendências que ajudem a desenvolver seus conhecimentos e percepções. Nossa missão é apoiar os leitores na realização de seus objetivos pessoais e profissionais.

Boa Leitura!

Propósito

PRIMEIRO, O MAIS IMPORTANTE

As idéias de Stephen R. Covey e outros pensadores para atingir o sucesso que você procura

Revisão Técnica: Marco Antonio Imperador
Consultor Senior Franklin Covey
Tradução: Flávia Rössler

2ª Edição

ELSEVIER

NEGÓCIO EDITORA

Copidesque
Claudia Amorim
Editoração Eletrônica
Estúdio Castellani
Revisão Gráfica
Edna Cavalcanti
Projeto Gráfico
Elsevier Editora Ltda.
A Qualidade da Informação.
Rua Sete de Setembro, 111 – 16° andar
20050-006 Rio de Janeiro RJ Brasil
Telefone: (21) 3970-9300 FAX: (21) 2507-1991
E-mail: *info@elsevier.com.br*
Escritório São Paulo:
Rua Elvira Ferraz, 198
04552-040 Vila Olímpia São Paulo SP
Tel.: (11) 3841-8555

ISBN 85-758-9026-3
Edição original ISBN: 1-929494-11-4

CIP-Brasil. Catalogação-na-fonte.
Sindicato Nacional dos Editores de Livros, RJ

P486 Propósito : primeiro, o mais importante / Franklin Covey ; tradução de Flávia Rössler. – Rio de Janeiro : Elsevier, 2003 – 2ª Reimpressão.

Tradução de : The Portable 7 Habits : Purpose
Adaptação de : Os 7 Hábitos das Pessoas Altamente Eficazes / Stephen R. Covey
ISBN 85-758-9026-3

1. Sucesso – Aspectos psicológicos. 2. Auto-realização (Psicologia). 3. Conduta. 4. Tempo – Administração. I. Covey, Stephen R. II. Franklin Covey (Firma).

03-1377. CDD — 158.1
CDU — 159.947

---

04 05 06 07 5 4 3 2

SUMÁRIO

Cada dia tem seu próprio objetivo e se encaixa no plano geral de nossa vida. Esse momento específico carrega características do nosso propósito de vida em pontos nos quais concentramos nossa atenção, em palavras ou idéias que trazem uma pitada de excitação e esperança a nosso coração.

– CAROL ADRIENNE

INTRODUÇÃO

Para levar uma vida mais equilibrada, é preciso reconhecer que não há problema se você não fizer tudo o que aparece na sua frente. Não há necessidade de você ir além dos seus limites. Basta perceber que é normal dizer "não" quando é preciso. E priorizar o mais importante. No entanto, antes de prosseguir, você precisa conhecer-se claramente e saber o que de fato quer.

À medida que folhear estas páginas, absorva com coração, mente, corpo e alma os conselhos nelas contidos. Reflita sobre o que leu. Avalie como gerenciar sua vida com mais eficácia e o que é preciso para que isso aconteça. Deixe que a sabedoria o inspire a redefinir prioridades e a encontrar mais tempo para as coisas de fato relevantes. Isso significa estabelecer uma ordem e ignorar o supérfluo, para redescobrir o que realmente importa.

Em essência, faça com que manter o foco no que mais importa se transforme em um hábito.

HÁBITO 3: PRIMEIRO O MAIS IMPORTANTE

Priorize e faça as coisas mais importantes primeiro.

PROPÓSITO

Um objetivo eficaz se concentra, acima de tudo, nos resultados e não na atividade. Ele identifica onde você quer estar e, no processo, o ajuda a determinar onde está. Fornece-lhe informações importantes sobre como chegar ao objetivo e o avisa quando tiver chegado. Unifica seus esforços e energia. Dá sentido e propósito a tudo que você faz.

– STEPHEN R. COVEY, *Os 7 Hábitos das Pessoas Altamente Eficazes*

ESTA VIDA É UM TESTE.

Apenas um teste. Se fosse uma vida para valer, você teria recebido outras instruções e teriam lhe dito aonde ir e o que fazer.

– AUTOR DESCONHECIDO

O objetivo de
nossas vidas é
dar à luz
o que de
melhor existe
dentro de nós.

– MARIANNE WILLIAMSON

AMPLIE SEUS OBJETIVOS.

Como a maioria dos humanos (se você não for humano e, ao contrário, pertencer a uma outra espécie de animal, como a lhama, o macaco ou seja lá o que for, parabéns por ter aprendido a ler), estou sempre à procura de respostas. Às vezes não sei a pergunta, e ainda assim preciso de respostas. Às vezes sei a resposta e preciso da pergunta, mas isso só quando estou na frente da TV assistindo a um desses programas de auditório em que o apresentador dá a resposta e o participante precisa adivinhar a pergunta.

– ELLEN DEGENERES

Algum dia na sua vida você empreenderá uma jornada. Será a mais longa de todas as suas jornadas. Será uma jornada para encontrar a si mesmo.

– KATHERINE SHARP

Que pequenos problemas estão bloqueando sua energia?

Para onde o levará sua jornada?

Quando você dá início à jornada rumo a uma vida com objetivo, **penetra no reino da verdadeira mágica.**

– WAYNE DYER

MANTENHA CLARO O
PROPÓSITO DE SUA VIDA

- Pergunte-se se você realmente quer buscar e seguir seu propósito.
- Ouça a sua voz interior e deixe que ela o conduza ao longo do caminho.
- Faça um balanço do que está dando certo em sua vida e do que não está.
- Faça pequenas mudanças em vez de tentar empreender tudo de uma só vez.
- Crie objetivos e estratégias realistas.
- Esqueça o que outras pessoas pensam de seu desejo de mudar.
- Acredite que tudo é possível quando você está decidido.
- Perceba que tudo acontece por uma razão quando deve acontecer.
- Assuma a responsabilidade pelo seu avanço rumo ao propósito de sua vida.
- Lembre-se sempre de que depende de você alcançá-lo ou desistir dele.

Quando você é inspirado por algum grande propósito, por algum projeto extraordinário, seus pensamentos rompem grilhões; sua mente transcende limites; sua consciência se expande em todas as direções; e você se descobre em um mundo novo e maravilhoso. Forças, faculdades e talentos adormecidos renascem e você percebe que é uma pessoa muito melhor do que imaginava que pudesse ser.

– PATANJALI

Seja o proprietário do que você pensa e sente.

VALORES

Você é um discípulo, um seguidor de seus valores fundamentais e da origem deles. E possui a vontade e a integridade para subordinar seus sentimentos, impulsos e disposições de ânimo a esses valores.

– STEPHEN R. COVEY, *Os 7 Hábitos das Pessoas Altamente Eficazes*

Se você busca o que é

NOBRE,

o que é

BOM,

o que é

A VERDADE

da sua vida, todas as

outras coisas que você

não conseguiria imaginar

surgem naturalmente.

– OPRAH WINFREY

Há muitas coisas na vida que podem atrair seu olhar, mas apenas algumas atrairão seu coração

Persiga-as.

– AUTOR DESCONHECIDO

Sem demorar muito, responda às perguntas abaixo e pense no que lhe vier à cabeça. Explore qualquer tema recorrente.

Que **valores** são mais importantes para você?

O que lhe **interessa** mais?

Você tem **paixão** pelo quê?

O que é **importante** para você?

O que quer **realizar**?

Que **contribuição** quer dar?

Em que você **acredita**?

Qual o seu **potencial**?

Quais são seus pontos **fortes**?

O que você **representa**?

Acreditar em alguma coisa a torna possível.

Não a torna necessariamente fácil.

Valores são fitas que tocamos no *walkman* da mente: podemos escolher qualquer música, contanto que não perturbe os outros.

– JONATHAN SACKS

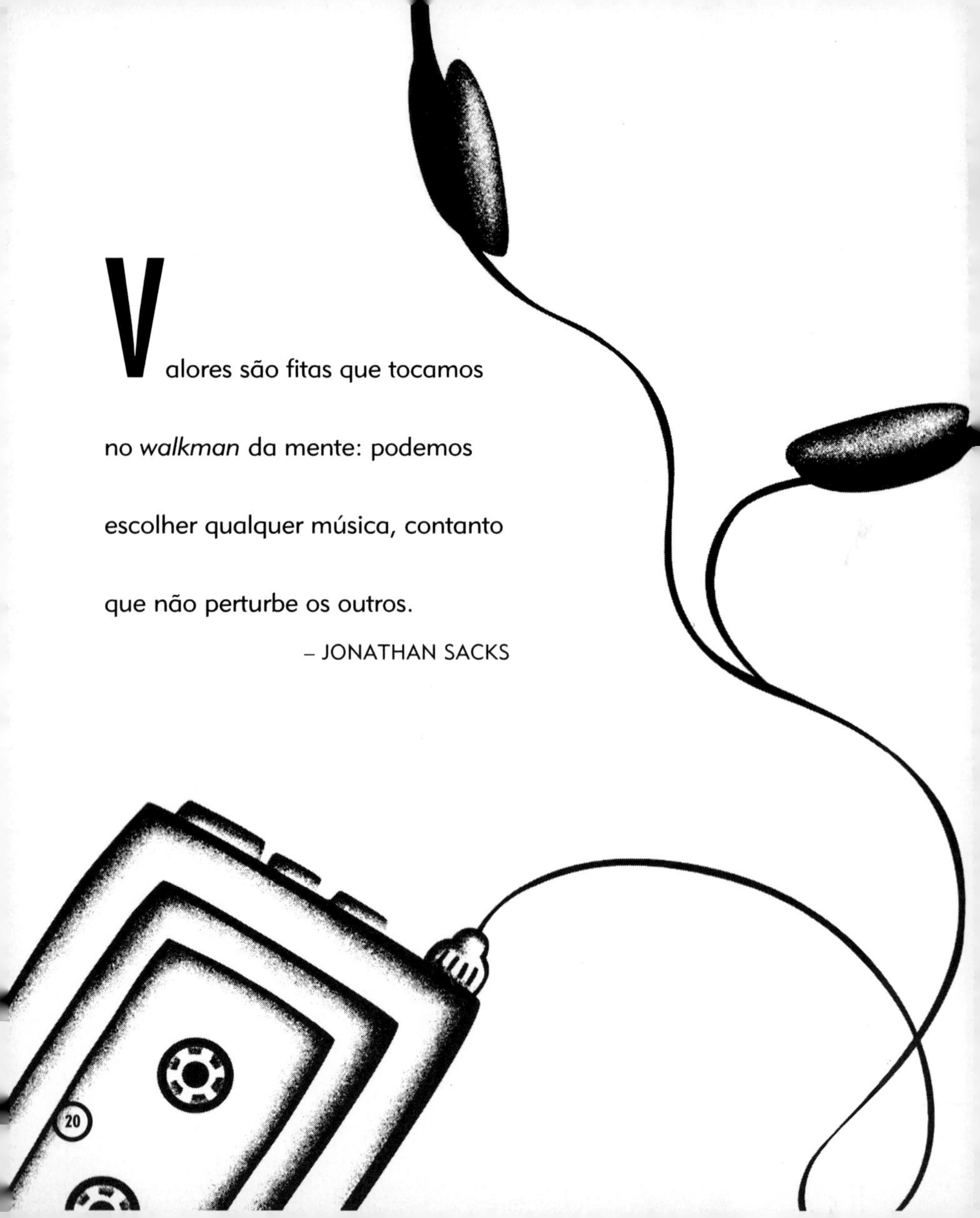

Você ainda está

se EMPENHANDO

SONHANDO

se MODIFICANDO

se TRANSFORMANDO

FAZENDO

?????

O problema de muitas pessoas é que elas simplesmente passam pela vida. Se pelo menos uma única vez refletíssemos sobre o que queremos da vida com tanto empenho quanto refletimos sobre o que fazer em duas semanas de férias, ficaríamos espantados com nossos falsos padrões e com a falta de propósito de nossos dias tão atribulados.

– DOROTHY CANFIELD FISHER

Um homem sábio

com quem cruzei

certa vez me disse

que **não é**

importante

chegar

primeiro,

mas saber como chegar.

– AUTOR DESCONHECIDO

Você vive de acordo com o que acredita?

Quero lhe perguntar uma coisa:

se alguém estiver realmente

mentindo, seu nariz cresce de verdade?

– JERRY SEINFELD

O *pode ser* e o *podia ter sido* se transformarão em *é* se você realmente se empenhar.

PAPÉIS

Redigir sua missão em termos da importância dos papéis que você desempenha ao longo da vida lhe proporciona equilíbrio e harmonia. Faz com que cada papel continue nítido à sua frente. Você pode avaliar com freqüência seus papéis, para ter a certeza de que não fica inteiramente absorvido por um deles em detrimento dos outros que são tão ou mais importantes em sua vida.

– STEPHEN R. COVEY, *Os 7 Hábitos das Pessoas Altamente Eficazes*

ícone social parceiro líder

fanático por divertimento pai ou mãe

abelha operária

chefe diva do teatro

o guru do momento mentor

amigo

voluntário

QUAIS SÃO OS SEUS PAPÉIS?

um pobre coitado

professor

militante patrulheiro da moda

supermulher

criador pretensa Martha Stewart

multiempreendedor garoto prodígio estudante

herói esportivo

drag queen rei do mundo

Há uma quantidade

tão grande de maneiras

de viver e de crescer

quanto há de pessoas.

As nossas são as

únicas que deveriam

nos importar.

– EVELYN MANDEL

Há uma

ESTRELA

dentro de cada um de nós.

SEJA SIGNIFICATIVO.

No mesmo instante em que pensamos ter conseguido montar uma vida confortável, encontramos uma peça de nós mesmos que não se encaixa em lugar algum.

– GAIL SHEEHY

Sei
o que
você é,
mas o que sou eu?

– PEE WEE HERMAN

Não sou uma vítima do mundo que vejo.

Inventei o mundo que vejo.

– CURSO SOBRE MILAGRES

O importante é

sermos capazes, a qualquer momento, de sacrificar o que somos pelo que poderíamos vir a ser.

– CHARLES DUBOIS

Chega um momento na vida de muitas pessoas em que elas não conseguem mais desempenhar o papel que escolheram para si. Quando isso acontece, parecemos atores que acham que alguém modificou a peça.

– BRIAN MOORE

Em cada jogo de que participamos assumimos um papel, uma identidade específica com a qual jogar.

Decidimos se somos o salvador, a vítima, o líder que tem todas as respostas, o perseguidor sem nenhuma pista, se somos brilhantes, bravos, honrados, espertos, lerdos, desamparados, se apenas vamos levando, se somos diabólicos, se não estamos nem aí, se somos dignos de piedade, sinceros, negligentes, o sal da terra, manipuladores de fantoches, engraçados, heróis... escolhemos nosso papel por capricho e pelo destino, e

podemos mudá-lo a qualquer momento que quisermos.

– RICHARD BACH

Nunca é tarde demais para se transformar em quem você realmente é.

PRIORIDADES

O segredo não é priorizar a agenda, mas agendar as prioridades.

– STEPHEN R. COVEY, *Os 7 Hábitos das Pessoas Altamente Eficazes*

Quando o coração está em seu sonho,
nenhum pedido é extremo demais.

– JIMINY CRICKET

Lembre-se,

nenhum compromisso ou problema é mais importante do que os seus.

– JANEANE GAROFALO

1 . 2 . 3 . 4 . 5

Quais são as suas

CINCO PRIORIDADES MÁXIMAS

que merecem toda a atenção?

Precisamos encontrar meios de **exercitar a compaixão de nossos corações,** e ao mesmo tempo aprender a identificar os limites e conseguir dizer não sem culpa.

– RAM DASS

DESCANSAR PARA RECARREGAR AS TURBINAS

não é uma opção.

Tentei ensinar meu filho com livros.

Ele lançou-me apenas olhares perplexos.

Tentei ensinar meu filho com palavras.

Elas passaram despercebidas e muitas vezes não foram ouvidas.

Em desespero, me afastei.

"Como devo ensinar esse menino?" gritei.

"Venha", ele disse, "Brinque comigo!"

– AUTOR DESCONHECIDO

As oportunidades
nunca são perdidas;
elas simplesmente
são encontradas
por outra pessoa.

Quando somos capazes de parar, começamos a ver.

– THICH NHAT NANH

O que você tem ignorado e que está

pedindo a sua atenção?

Talvez todo progresso humano

se origine da tensão entre duas forças

básicas: ter o que **todos** têm

e ter o que **ninguém** tem.

– JUDITH STONE

Os vitoriosos constroem uma vida antes de ganhar a vida.

COMPROMISSO

Tenha em mente que você está sempre dizendo "não" a alguma coisa. Se não é para as coisas evidentes e urgentes em sua vida, provavelmente é para as coisas fundamentais, de extrema importância. Ainda que o urgente seja bom, o bom pode afastá-lo do ótimo e impedir a sua contribuição única, se você permitir.

– STEPHEN R. COVEY, *Os 7 Hábitos das Pessoas Altamente Eficazes*

É ótimo

PENSAR

nos bons momentos,

contanto que você saiba também

construir

esses bons momentos.

Em algum nível,

nós também precisamos **fazer**

um sacrifício extremo

pela nossa vocação. Precisamos nos

dedicar inteiramente, de corpo e alma.

Você precisa saber que não está brincando,

que vai mergulhar de cabeça e que

não voltará atrás no último minuto.

– GREGG LEVOY

O importante é perseguir sua vocação com perícia e maleabilidade, a fim de encontrar o ponto mais oportuno e intenso para se conectar e ganhar impulso.

– ANNIE DILLARD

Sente, caminhe
ou corra, mas
não
vacile.

A coisa mais importante do mundo não é saber onde estamos, mas a direção que tomamos.

– JOHANN WOLFGANG VON GOETHE

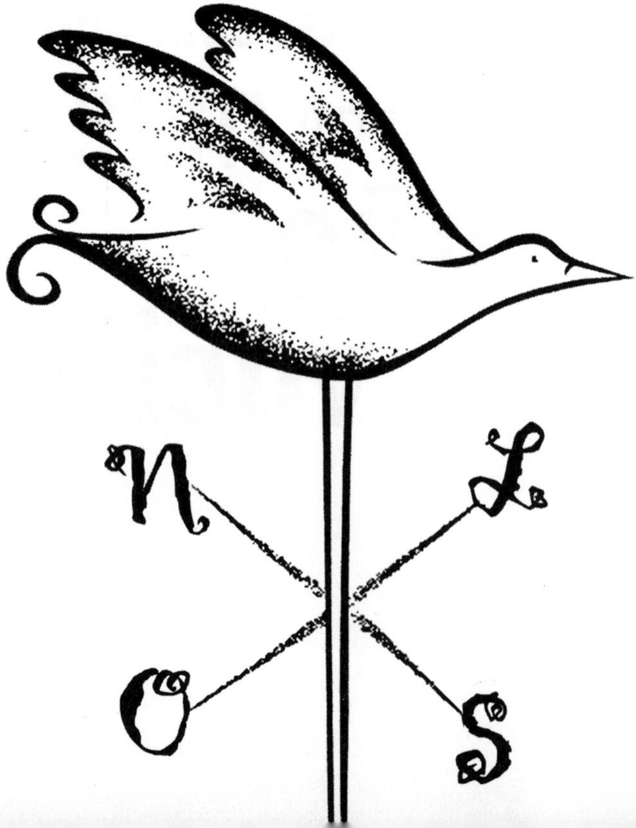

Existe uma força que de algum modo nos impulsiona a escolher o caminho mais difícil para transpor a lama e o lixo para o qual somos tantas vezes arrastados. Apesar de toda a resistência ao processo, nos tornamos seres humanos melhores.

– M. SCOTT PECK

O que você **FARÁ**
é o que importa,
não o que pode fazer.

Às vezes... quando você resiste a tudo, vai embora sem nada.

– ALLY MCBEAL

Você precisa saber o que quer conseguir, mas quando souber, deixe se conduzir. E se parecer que está sendo desviado de sua trilha, não se detenha, porque talvez seja ali que instintivamente você quer estar. E se frear e insistir em permanecer onde estava antes, você perderá o vigor.

– GERTRUDE STEIN

PLANEJAMENTO

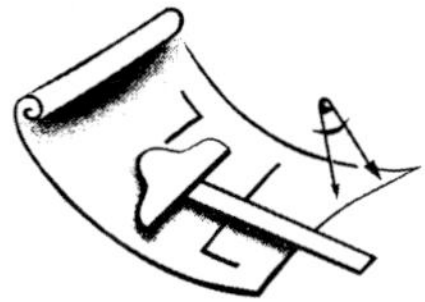

A felicidade pode ser definida, pelo menos em parte, como o fruto do desejo e da capacidade de sacrificar o que queremos agora pelo que queremos no futuro.

– STEPHEN R. COVEY, *Os 7 Hábitos das Pessoas Altamente Eficazes*

A satisfação instantânea leva tempo demais.

– CARRIE FISHER

Você **acabará**
no caminho que
escolheu se
não **tomar**
cuidado.

Diga-me, o que você pretende fazer de sua descontrolada e preciosa vida?

— MARY OLIVER

VOCÊ ESTÁ OCUPADO DEMAIS

com o que está fazendo para preparar uma lista de coisas a fazer?

QUAL É O SEU
QUOCIENTE DE CAOS?

- Você deliberadamente telefona para as pessoas quando sabe que será atendido pelas secretárias eletrônicas porque não tem tempo para falar?
- Você com freqüência atrasa o pagamento de suas contas porque esquece delas?
- A idéia de passar um dia de cama, doente, leva você ao desespero?
- Você muitas vezes tem problema para encontrar um número de telefone ou um recado quando precisa dele?
- Você acha muito difícil lembrar qual foi a última vez em que almoçou tranqüilamente com um amigo?
- Você acumula férias ano após ano porque não tem tempo de gozá-las?
- Você tem revistas e jornais acumulados há mais de um mês porque ainda pretende lê-los?
- Você às vezes esquece seus compromissos?
- Você tem dificuldade em dizer não quando alguém pede um momento de seu tempo?

PONTUAÇÃO: Se você respondeu sim a três ou menos de três perguntas, sua saúde está razoavelmente boa. Se respondeu sim de quatro a seis perguntas, você precisa de um *check-up* imediato. Se respondeu sim a sete ou mais perguntas, vá direto para uma emergência cardiorrespiratória.

– STEPHANIE WINSTON

Se você não tiver
planejado sua vida,
ela não transcorrerá
conforme o planejado.

Existir, fazer e ter são como um triângulo em que cada lado ajuda a sustentar os outros. Eles nao estão em conflito entre si. Eles existem simultaneamente.

– SHAKTI GAWAIN

EXATAMENTE AGORA, NESTE MINUTO,

O QUE VOCÊ PODE FAZER PARA LEVAR UMA VIDA MENOS AGITADA?

O dia em que planejamos seriamente começar a viver nunca chega ou chega tarde demais.

– IDA ALEXA ROSS WYLIE

ORGANIZAÇÃO

À medida que você trabalha para desenvolver um paradigma que lhe permita ver através das lentes da importância e não da urgência, aumenta sua capacidade de organizar e viver cada semana de sua vida em torno de suas principais prioridades, de fazer o que diz.

– STEPHEN R. COVEY, *Os 7 Hábitos das Pessoas Altamente Eficazes*

É o início que pára a maioria das pessoas.

Você talvez esteja sobrecarregado de coisas desnecessárias se...

- Tiver uma enorme coleção de embalagens plásticas de margarina.
- Tiver e-mails inúteis acumulados há meses e ainda por abrir.
- Seu porão estiver abarrotado de caixas de sua última mudança cinco meses atrás.
- Guardar todos os catálogos que aparecem – até um sobre pescaria, e você não pesca.
- Tiver por perto um dos seguintes itens: lâmpada que precisa ser trocada; porta-retratos sem vidro; uma pilha de roupas que pretende dar; um carrinho de chá antigo que pensa em mandar repintar algum dia.
- Tiver uma gaveta cheia de cupons de desconto para itens que você nunca comprará.
- As pessoas o chamam de "depósito de bagulho" na sua cara e você acha que é um elogio.
- Tiver montes de revistas velhas das quais não consegue se desfazer.
- Tiver gavetas tão cheias de besteiras que lhe dá até medo de abri-las.

DEVIDO A UMA EMERGÊNCIA,

disseram-lhe para deixar a sua casa imediatamente.

Você pode levar apenas o que couber em seu carro.

VOCÊ TEM 5 MINUTOS.

O que você levará?

A maioria das **urgências** são simplesmente as **prioridades de outras pessoas.**

Estive ocupado, ocupado, muito ocupado mesmo, preparando-me para a vida, enquanto a vida flutuava diante de mim, silenciosa e veloz como uma regata.

– LORENE CARY

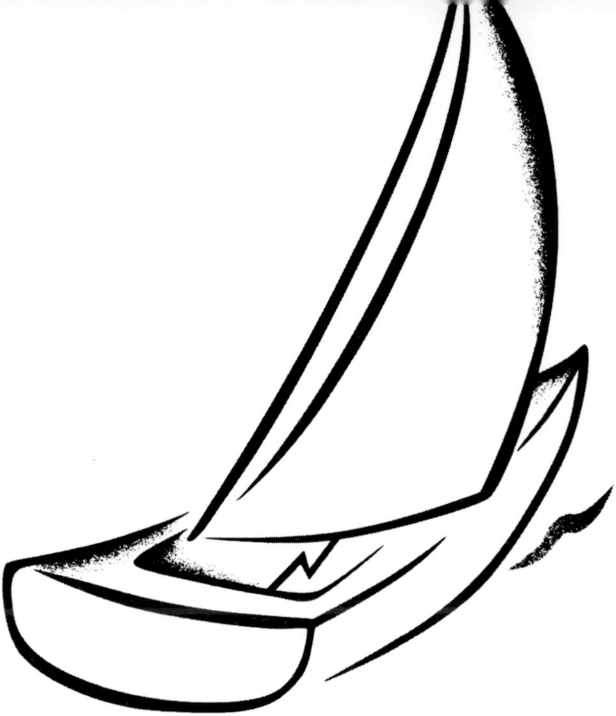

A próxima vez nunca chega.

Gestão do tempo é de fato uma expressão inadequada – o desafio não é gerenciar o tempo, mas a própria vida.

– STEPHEN R. COVEY

NÃO AGONIZE. ORGANIZE.

1. Ao estabelecer um sistema de armazenagem geral, você tem quatro opções: pendurar o material, colocá-lo em uma gaveta, deixá-lo no chão ou guardá-lo em prateleiras. Se não o tiver usado em um ano, as chances são de que nunca o usará.

2. Livre-se de tudo que não tiver sido usado por um ou dois anos, a não ser comprovantes de impostos e documentos comerciais. A seleção reduzirá suas necessidades de espaço e fará com que economize tempo e dinheiro preciosos.

3. Administrar papéis é um desafio que todos enfrentam. Reúna anotações importantes em uma pasta com divisórias por dia, em um caderno espiral, em um calendário grande ou em um pequeno quadro-negro. Use caneta multicolorida ou marcador de textos para salientar eventos especiais, com uma cor por evento ou pessoa.

4. Crie um sistema de *follow-up* usando uma caixa-arquivo e fichas, ou pastas com divisórias.

5. Para contas e outros tipos de correspondência, compre uma pasta com doze divisórias, uma para cada mês do ano. Etiquete cada uma com aniversários, comemorações, vencimentos de contas, depois encha com a correspondência. A pasta pode servir como apoio ou pode ser guardada em sua área de trabalho.

6. Estabeleça um dia específico do mês para organizar sua papelada.

7. Minimize os custos com organização recortando artigos e receitas que lhe interessem, desfazendo-se depois do que sobrou da revista. Guarde em álbuns de fotografias ou pastas com divisórias.

– DEBBIE WILLIAMS

Que horas seriam se todos os relógios fossem parados?

– DITADO ZEN

EQUILÍBRIO

Quando você revê o dia, percebe que seus papéis e objetivos oferecem prioridades naturais que se originam de seu senso inato de equilíbrio. Trata-se de uma priorização mais branda, mais do cérebro direito, que vem, em última análise, do senso de missão pessoal.

– STEPHEN R. COVEY, *Os 7 Hábitos das Pessoas Altamente Eficazes*

Hoje passamos mais tempo no divã de nossos terapeutas do que sobre nossos próprios pés. Os psicoterapeutas são agora os carregadores de nossa bagagem emocional, exceto pelos 150 dólares de gorjeta que recebem e por colocarem nossa bagagem em um avião que parece nunca aterrissar. Já vencemos as doze etapas do tratamento pessoal.

– DENNIS MILLER

A maioria das pessoas está tão ocupada tentando descontroladamente fazer tudo o que pensa que **deveria fazer**, que nunca chega ao que **quer fazer**.

– KATHLEEN WINDSOR

O ESTRESSE

é um estado ignorante.

Acredita que tudo é emergência.

– NATALIE GOLDBERG

Pessoas felizes

parecem viver em ritmo menos frenético. Elas têm mais tempo em suas vidas. Vivem mais o momento. Essa felicidade está à disposição de todos.

– STEPHEN RECHTSCHAFFEN

Que atividades,

papéis ou aspectos de sua vida

deixam-no mais

feliz e realizado?

O que lhe dá mais desgosto?

Quando estamos "ligados", alcançamos
o momento completamente, sem sermos
levados por preconceitos, suposições e
condicionamentos inconscientes. Dessa forma,
o momento em que estamos "ligados" se
transforma em um momento de liberdade,
que nos libera dos hábitos "desligados".
Por isso, ele é fundamental para criar
equilíbrio em nossas vidas.

– JOEL LEVEY E MICHELLE LEVEY

Se você está querendo aprender suas lições com calma, elas pacientemente o esperam em incontáveis maneiras. Hoje, tente ouvir a sabedoria das crianças; aceite a afeição cordial de um amigo; estenda a mão aos necessitados; peça conselhos a um colega; aja segundo sua intuição; ria de seus pontos fracos e de sua fragilidade e aceite-os com amor; redescubra o surpreendente poder de cura da espontaneidade; espere o máximo de cada dia; **perceba o mundo maravilhoso em que você vive** – quanto mais cedo melhor.

– SARAH BAN BREATHNACH

Que indícios você está vendo de que sua vida anda sem equilíbrio?

6 SEGREDOS para uma vida incrivelmente equilibrada

Construa uma rede de apoio supereficiente. Delegue o que puder e peça ajuda quando precisar. Você não consegue fazer tudo sozinho, então, por que tentar? A armadilha grande demais é fatal.

Defina de imediato seus relacionamentos. Quais deles são prioridade para você? Quais podem resistir a um segundo plano? Comece a se libertar de relacionamentos ou obrigações que não se sustentam mutuamente e acrescentam mais estresse à sua vida.

Aproveite logo os bons momentos da vida. Isso não significa correr de um lado para o outro, de uma coisa para a outra. Faça aulas de ioga. Aprenda tapeçaria. Pratique lutas marciais. Encontre uma atividade de que goste para manter um equilíbrio saudável. O benefício será grande.

Aprenda a seguir a corrente. Nossa natureza é flexível e se adapta a mudanças. Não há sentido em ser rígido com você mesmo com relação a coisas fora de seu controle. Perceba isso e vá em frente.

Considere o tempo destinado a você mesmo uma prioridade. Arranje tempo exclusivamente para desenvolver um relacionamento mais forte, profundo e valioso com você mesmo. Medite, leia, escute música, tome um banho demorado. Apenas lembre-se de deixar a culpa para trás e entrar em êxtase.

Trabalho é trabalho. Diversão é diversão. Ambos são necessários, mas mantenha-os separados. Não leve trabalho para as férias. Ou pior, não se prive de um tempo livre porque está ocupado demais. Lembre-se do velho epitáfio "Gostaria de ter passado mais tempo no escritório." Não é preciso dizer mais nada.

O equilíbrio, quando compreendido de maneira adequada, é uma dança cíclica de aprendizado, desafios vencidos, mais aprendizado, mais realizações. A cada etapa, você consegue um nível mais alto de compreensão para lidar com um nível maior de complexidade no desafio. Agora, quanto tempo você acha que esses ciclos de desenvolvimento e conquistas duram? Para sempre.

O aprendizado de uma existência inteira é um modo de vida,

não apenas uma bela idéia.

– JOEL LEVEY E MICHELLE LEVEY

Não levar uma vida equilibrada custa caro. Por favor, facilite o troco.

AÇÃO

Somente quando você tiver a autoconsciência para reexaminar seu programa – e imaginação e consciência para criar um programa novo, único e centrado em princípios, ao qual possa dizer "sim" – somente então possuirá uma vontade independente o suficiente para dizer "não" às coisas sem importância, com um sorriso autêntico nos lábios.

– STEPHEN R. COVEY, *Os 7 Hábitos das Pessoas Altamente Eficazes*

Viva sua vida

de modo que seus filhos possam dizer aos filhos deles que você não apenas representa algo maravilhoso – você age da mesma forma.

– DAN ZADRA

Assuma consigo mesmo o compromisso de descobrir um procedimento significativo e eficaz que você possa executar para favorecer e apoiar a recuperação e a transformação do mundo. Olhe a seu redor para ver alguns dos problemas próximos a você ou mais distantes na sua comunidade.

– SHAKTI GAWAIN

Uma idéia

não associada a uma ação
nunca será maior do que a célula
cerebral que ela ocupou.

– ARNOLD GLASGOW

ABOMINAR A

SEGUNDA-FEIRA

é uma forma incompleta de passar 1/7 de sua vida.

– AUTOR DESCONHECIDO

Sim, assumir riscos
implica necessariamente
a possibilidade de fracasso.
Se não fosse assim,
diríamos "assumir certezas".

– TIM MCMAHON

Há tantas coisas que gostaríamos de ter feito ontem e tão poucas que temos vontade de fazer hoje.

– MIGNON MCLAUGHLIN

10 indícios de que é hora de se mexer

1

Você não ri mais.

2

Você está tremendo tanto quanto uma câmera manual
rodando um filme de horror.

3

Seu apelido é "deslocado".

4

Você está o tempo todo arquitetando um *Novo Plano Semanal*.

5

Você ouve "Se liga" mais de uma vez por dia.

6

Você choraminga tanto que nem lembra mais do tom normal de sua voz.

7

Você não é mais o mesmo e ninguém gosta desse novo você.

8

O termo "recuperação" faz você lembrar do tempo da escola.

9

Muito papo e nenhuma ação é o seu mantra.

10

Você caiu e não consegue se levantar.

Nunca confunda movimento com ação.

– ERNEST HEMINGWAY

A vida é cheia
de ilusões
perturbadoras.

– GRANT FRAZIER

Esta é a história de quatro pessoas chamadas Todo Mundo, Alguém, Qualquer Um e Ninguém. Havia um importante trabalho a ser feito e Todo Mundo estava certo de que Alguém o faria. Qualquer Um poderia tê-lo feito, mas Ninguém o fez. Alguém ficou irritado porque a obrigação era de Todo Mundo. Todo Mundo pensou que Qualquer Um poderia dar conta do trabalho, mas Ninguém percebeu que Todo Mundo deixaria de ajudar. O resultado foi que Todo Mundo botou a culpa em Alguém na hora em que Ninguém fez o que Qualquer Um poderia ter feito.

– AUTOR DESCONHECIDO

ATENÇÃO: As datas nos calendários estão mais próximas do que parecem.

DELEGAÇÃO DE PODERES

Além da autopercepção, da imaginação e da consciência, é a vontade independente que de fato torna possível o gerenciamento pessoal eficaz. A capacidade de delegar vem do aprendizado de como usar esse dom nas decisões que tomamos todos os dias.

– STEPHEN R. COVEY, *Os 7 Hábitos das Pessoas Altamente Eficazes*

Na nossa cultura, estamos ocupados demais para destinar algum tempo a transmitir a nós mesmos as mensagens positivas que precisamos ouvir. E não é engraçado como sempre parecemos encontrar tempo para nos repetir como somos solitários, feios ou gordos? A que ponto nos detestamos e detestamos nosso trabalho e nossos colegas? Sim, parece que sempre temos tempo para as coisas negativas, mas quando se trata de reservar cinco minutos por dia para ler o que escrevemos no espelho e repetir uma mensagem positiva de amor e compreensão para com o universo, bem... me desculpem – isso é só mesmo para quem se gosta muito.

– BEN STILLER

Pinte
com as tintas de sua
própria
paleta.

Se eu me empenhasse,

PODERIA FAZER QUALQUER COISA.

Mas não estou a fim de me empenhar em coisa alguma. E daí?

– ELLEN DEGENERES

O poder autêntico tem suas raízes na fonte mais profunda de nosso ser. O poder autêntico não pode ser comprado, herdado ou estocado. A pessoa verdadeiramente investida de poder é incapaz de transformar alguém ou alguma coisa em vítima. A pessoa verdadeiramente investida de poder é tão forte e tão influente que a idéia de usar a força contra algo ou alguém não lhe passa pela cabeça.

– GARY ZUKAV

Que poder lhe é delegado?

Veja qual a sua pontuação, de 1 a 5 (1 = muito fraco, 5 = muito forte), com relação às seguintes características:

* Quando é necessário tomar alguma medida, você mesmo a toma.
* Você tira lições das más experiências em vez de falar nelas sem parar.
* Você se cuida, independentemente do que estiver acontecendo na sua vida.
* Você espera o melhor de si mesmo, mas quando isso não acontece, consegue se conformar.
* Você ri de si mesmo e encontra humor em situações exasperadoras.
* Você se sente bem consigo mesmo. Sabe que não é perfeito, mas quem se importa?
* Você conhece bem suas oscilações de humor. Sabe que não pode estar sempre "ligado".
* Você ouve o que os outros estão dizendo em vez de interromper com a sua própria história.
* Você consegue pensar em soluções criativas para os problemas e sentir prazer no desafio.
* Você confia na sua intuição e na sua força interior. Sua psique está sempre afinada.
* Você consegue esquecer o passado. Prefere viver o hoje com um olho no futuro.
* Você ajuda os outros sem esperar recompensa.
* Você valoriza as lições da vida em vez de ficar se perguntando "por que eu?"
* Você sente prazer em ser único e não gostaria de ser ninguém mais além de você.

PONTUAÇÃO

60-70 Máquina altamente eficiente
50-60 Com poder a maior parte do tempo
40-50 Um pouco baixo, mas ainda funcionando razoavelmente
30-40 Você precisa de uma revisão geral
30 ou menos Você chegou ao limite, procure ajuda imediatamente.

Coma como se tivesse acabado de ter um ataque cardíaco.

Trabalhe como se sua descrição de função estivesse sendo analisada.

Fale como se todos conseguissem ouvir o que você diz.

Viva como se fosse estar cara a cara com o Criador todos os dias.

– STEPHEN R. COVEY

O poder pode ser tomado, mas não dado. O processo da tomada é a delegação em si.

– GLORIA STEINEM

CONHECER
OS OUTROS
é inteligência.

CONHECER
A SI MESMO
é pura sabedoria.

DOMINAR
OS OUTROS
é força.

DOMINAR
A SI MESMO
é puro poder.

– TAO TE CHING

A questão não é quem irá me dar permissão; é

quem irá me deter.

– AYN RAND

SOBRE A FRANKLIN COVEY

A Franklin Covey é a maior empresa no mundo em treinamento de executivos em liderança e gerenciamento pessoal e de tempo. Com base em dados comprovados, nossos serviços e produtos são utilizados por mais de 15 milhões de pessoas ao redor do mundo. Trabalhamos com uma grande variedade de clientes, com material das *500 mais* da revista *Fortune* e também com empresas de menor porte, comunidades e organizações. Você talvez já nos conheça por intermédio do *Planificador Franklin* ou de algum dos livros da série *Os 7 hábitos*. A propósito, os livros da Franklin Covey venderam 15 milhões de cópias no mundo inteiro – mais de um milhão e meio por ano. Mas o que talvez você não saiba sobre a Franklin Covey é que também oferecemos treinamento em liderança, workshops sobre motivação, preparação individual, fitas de áudio e de vídeo e a revista *PRIORITIES*, para mencionar apenas parte do que fazemos.

Qual foi sua opinião sobre este livro?

Gostaríamos de receber suas sugestões e comentários a respeito deste livro. Também apreciaríamos mantê-lo informado sobre novos lançamentos e nossos treinamentos oferecidos no Brasil:

- Os 7 Hábitos das Pessoas Altamente Eficazes
  (Workshop de liderança pessoal e profissional)
- Foco
  (Workshop de produtividade)
- Os 4 Papéis do Líder
  (Workshop de liderança gerencial e organizacional)

Informações: info@franklincovey.com.br

AUTORIZAÇÕES

Reimpresso com permissão de Perseus Books from *Getting Out from Under* by Stephanie Winston. Copyright @ 1999 Stephanie Winston.

Reimpresso com permissão de Debbie Williams, de "Creative Solutions to Organize Your Home or Office". Copyright @ 1999 Debbie Williams.

LEITURAS RECOMENDADAS

Adrienne, Coral. *The Purpose of Your Life*. Eagle Brook, 1998.

Adrienne, Coral. *The Purpose of Your Life Experiential Guide*. Eagle Brook, 1999.

Bragg, Terry. *31 Days to High Self-Esteem*. Peacemakers, 1997.

Cape, Stephen. *Yoga and the Quest for the True Self*. Bantam, 1999.

Gawain, Shakti. *O caminho da transformação*, Best Seller, 1993.

Levey, Joel, and Michelle Levey, *Living in Balance*. Conari Press,1998.

Levoy, Gregg. *Callings: Finding and Following an Authentic Life*. Harmony Books, 1997.

Moody, Harry R. *Os cinco estágios da alma*, Nova Era, 2000.

Patterson, Ella. *1001 Reasons to Think Positive*. Simon & Schuster, 1997.

Salzberg, Sharon, ed. *Voices of Insight*. Shambala, 1999.

Schaef, Anne Wilson. *Living in Process: Basic Truths for Living the Path of the Soul*. Ballantine Wellspring, 1999.

St. James, Elaine. *Living the Simple Life*. Hyperion, 1996.

Tolle, Echart. *The Power of Now*. New World, 1999.

VanZant, Iyanla. *Um dia minha alma se abriu por inteiro*. Sextante, 2000.

Williamson, Marianne. *Enchanted Love*. Simon & Schuster, 1999.

Winston, Stephanie. *Getting Out from Under*. Perseus Books, 1999.

_____. *Best Organizing Tips*. A Fireside Book, Simon & Schuster, 1995.

Witting, Chris, Jr. *21 Day Countdown to Success*. Career Press, 1998.

Zukav, Gary. *A morada da alma*. Cultrix, 1992.

Outras maneiras fáceis de receber informações sobre nossos lançamentos e ficar atualizado.

- ligue grátis: **0800-265340** (2ª a 6ª feira, das 8:00 h às 18:30 h)
- preencha o cupom e envie pelos correios (o selo será pago pela editora)
- ou mande um e-mail para: **negocio@negocioeditora.com.br**

NEGÓCIO EDITORA

Nome: ____________________

Escolaridade: ____________________

Endereço residencial: ____________________

Bairro: __________ Cidade: __________ Estado: __________

CEP: __________ Tel.: __________ Fax: __________

Empresa: ____________________

CPF/CGC: ____________________

Costuma comprar livros através de: ❑ Livrarias ❑ Feiras e eventos ❑ Mala direta ❑ Internet

Sua área de interesse é:

❑ **LIVROS-TEXTO**	❑ **NEGÓCIOS**	❑ **INTERESSE GERAL**	❑ **INFORMÁTICA Nível**
❑ Administração		❑ Idioma	❑ Iniciante
❑ Informática		❑ Não Ficção	❑ Intermediário
❑ Economia		❑ Qualidade de Vida	❑ Avançado
❑ Comunicação			
❑ História			
❑ Ciência Política			
❑ Engenharia			
❑ Estatística			
❑ Física			
❑ Turismo			

CARTÃO RESPOSTA

Não é necessário selar

O selo será pago por
Editora Campus

20299-999 - Rio de Janeiro - RJ

NEGÓCIO EDITORA

PRT/RJ – 0456/02
UP AFONSO CAVALCANTI
DR/RJ

executados, a partir de filmes fornecidos,
nas oficinas gráficas da EDITORA SANTUÁRIO
Fone: (12) 3104-2000 - fax: (12) 3104-2016
http://www.redemptor.com.br - Aparecida - SP